ESPOIR OU ESPÉRANCE

Copyright © Claude Pariset, 2022
Édition : BoD – Books on Demand,
info@bod.fr
Impression : BoD – Books on Demand, In de
Tarpen 42, Norderstedt (Allemagne)
Impression à la demande
ISBN : 978-2-3224-2394-1
Dépôt légal : Août 2022

## PROLOGUE

Être libre, c'est avant tout, être responsable vis-à-vis de soi-même.
Être libre, c'est d'abord être libéré du besoin de comprendre.
La liberté de ne pas être libre est peut-être aussi une forme de liberté.

_°_°_°_°

L'espoir est une disposition de l'esprit humain reposant sur l'attente d'une situation meilleure à celle existante, pour soi ou pour les autres. Il est considéré comme une émotion, voire comme une passion, l'espoir est à ce titre opposé au désespoir.

Il est coutume de considérer « espoir » et « espérance » comme deux termes synonymes qui font l'objet de nombreuses études philosophiques.

L'espérance est une vertu chrétienne, elle est représentée portant une « ancre » marine dans une comparaison entre les difficultés de la vie et l'instabilité de la mer, l'ancre pour les marins est un instrument de survie et de stabilité. L'espérance est une confiance pure et désintéressée en l'avenir, l'espérance donne le principe des mérites, la foi les mène jusqu'en haut.

Ainsi George Frédéric Watts peignit avec son atelier un tableau allégorique, HOPE (espoir) terminé en 1885.
André Malraux écrivit « L'Espoir » un roman consacré à la guerre d'Espagne (07/1936 à 03/1937) : Les républicains allaient-ils gagner la guerre ?

Espoir est salve d'avenir comme attente et désir et confiance et optimisme, utopie.

« On est libre sans espérance, et l'espérance est esclave ». (proverbe oriental).
Celui qui désire, espère et croit en lui-même, celui-là est heureux de voir les autres espérer et croire. (De Richard Wagner).
Quand tu ne peux plus d'aimer, espère. Quand tu n'en peux plus d'espérer, crois.(De l'abbé Pierre). L'espoir est ami du pauvre.
La vie est courte mais l'espoir la prolonge. Les bonnes choses n'arrivent que lorsqu'on renonce à les espérer ; à l'inverse, trop espérer, les empêche de se produire. (De Paul Auster).
Il est indispensable d'espérer pour entreprendre. (Yvon Gattaz).
L'espérance est le songe d'un homme éveillé. (Aristote).

## Espérance

Mémoire de De Gaulle et d'espoir en France
Allumées encore les lumières de l'espérance
Il en subsiste des transparences
Citons liberté, égalité, fraternité avec pertinence.

Ne nous fions pas aux apparences
Trompeuses synonymes de carences
L'Esprit et le paraclet sont des influences
Comme cuisiner avec du beurre rance.

La vie serait arnaque sans défaillance
Le bien et le mal en état de gérance
Le juste musulman exilé en balance
Fêtons Ramadan et carême en cadence.

J'offre charité sans compter finance
Je cite la justice pour sa non-violence
Car le harcèlement est une insolence
A l'Amour solitaire dans un profond silence.

Issu de, natif, tu dis, tu tances
Tu étudies les stances en trimant sans vacances
Car tu viens de là d'où tu penses
D'ailleurs, tu portes ton panier avec aisance par son anse.

Quand vient le temps de l'espérance
Le futur s'illumine avec plaisance
Le passé reste un chemin sans présence
Le temps présent s'éclaire d'une clarté, luminescence.

6

Je m'offre tout entier en pénitence
Soumis, obéissant je fais mes courses avec diligence
Jésus! Ton Père t'a abandonné par obligeance
Sur la croix pour notre salut et affronter nos négligences.

# 7

Paris

Qu'est-ce qui vaut une messe? Paris.
Écriture d'Évangile jamais ne se tari
Même à l'occasion d'un pari
Je me présente: je suis ton humble mari.

L'indienne costumée s'habille en sari
Elle sied en réserve avec les pécaris
Dans sa ville lointaine il y a des armoiries
Elle chevauche un éléphant qui barrit

Safari ou zoo, chasseur d'images pour Daktari
Danse d'indigène quel charivari!
Quel humoriste ce Cowl Darry!
Fantaisie du bal du diable ou Carrie

J'ai des dents jaunes canaris
Une déplaisante tâche noire appelée carie
Un écho de conscience qui parfois varie
Je joue à la raquette et aussi au jokari.

Cuisine épicée avec du cari
Après une balade en méhari
Juste pour faire un safari
Dans le désert du Kalahari.

## 8

En France

De Paris à Lyon les titis et les gones
Nous tous écouterons le débat dans l'hexagone
Même les conducteurs de Renault et Carlos Ghône
Tous se décideront pour un président et son trône
Au programme, l'éducation qu'ils prônent
Voyage en péniche sur la Seine ou le Rhône
Sans en oublier son affluent, la Saône
La raffinerie pollue à Epône
Les déserts médicaux sont des icônes
Les volcans se réveillent par leur cône
Premier tour avec douze candidats qui ânonnent
Sous les sons du tocsin et des cloches qui résonnent
Le ciel est menaçant, le tonnerre tonne
Persuasion et arguments qui étonnent
A vent, le cor, claironne
Dans les hautes vallées de l'Argonne
Mon amie la rose, hardie, les pétales en octogone
Sylvester Stallone invité au pentagone
Nie, dans les salles obscures où il cartonne
De même à Avignon Madeleine Sologne
Éloignée de Barcelone en Catalogne,
Oublions le cancer dû au chlordécone
Et mangeons avidement banane et anone
Parfumons nous avec de l'eau de Cologne
La vie nous fait un cadeau, elle est bonne,
Comme dans les confréries il y a des nonnes
Qui instrumentalisent avec des xylophones
Elles chantent à devenir aphones
Pauvres exilés ukrainiens en Pologne
Sous le joug de Poutine et sa pogne

9

Sale type, dictateur, avec sa sale trogne
Par le printemps de l'est passe une cigogne
Le maître du Kremlin avec ses missiles, pilonne
Pendant que Biden et Macron marmonnent
A la une disparues les cinq colonnes
Sa femme et ses filles quelles connes !
Tout justes dignes d'un film d'Ennio Morricone
Une tasse de café, la Pravda sans que je m'abonne
A la miséricorde universelle je m'abandonne
Dans sa ruche la reine châtelaine fredonne
Pendant que les ouvrières et les frelons bourdonnent
Loin de la crise écologique et des émissions de carbone
Toutes ces activités que Dieu pardonne
Ainsi que les risques avérés de cyclone
Les parrains gouvernent comme Al Capone
En temps de pénurie ils rationnent
En temps de défi ils révolutionnent
En temps de liesse ils collationnent
Dieu en cas de problèmes les solutionne
Les intentions d'adoration et de prières il les collectionne
Il ne fait pas gré à Satan qui déboulonne
Le prêtre implore la clémence divine et s'époumone
Marie pleine de grâces auréolée d'étoiles en couronne
Tu intercèdes dans notre vie sans vergogne.

Recette boisson aux fleurs de pissenlits

Dans ma pelouse poussent des pissenlits
Le jardinier me prend en flagrant délit
A me baisser, je rosis, je pâlis
Ma recette de fleurs cueillies en rallye

Fleurs jaunes que personne ne cueillit
Nenni boutons d'or, de l'eau et plantes fleuries
Infusion bouillante filtrée en repos poli
Une nuit, j ajoute du sucre le tout bouilli

Boisson tonique au sortir du lit
Tranches fines d'orange et citron sans brocoli
Raisins secs pour une saine folie

Reposer dix jours avant l'allali
Après filtrage, bouteilles remplies
Prêtes pour l'export en Anatolie.

Humble et puéril

Radieux est le soleil qui chauffait le Nil
Tel le boulanger , son pétrin à son fournil
Il prépare sandwich au thon et persil
Avant de sortir son chien du chenil.

Rien n'est plus plaisant que le vent sur ma peau
Eole sort de l'école avec tes oripeaux
Soit sente dis Jésus en chemin vers Dieu
Ma chair est faible mais suis pas si vieux.

J'habitais, rural, un petit mesnil
Je sortais pour mes vaches d'un fenil
Du foin, pas besoin d'anafranil
Toutes ces actions me rendaient juvénile.

Pot pourri de mes pensées

Litanie avant baptême sans saint Claude, espoir déçu.
Je sais que Jésus, masochiste,sur la croix nous a sauvé
Et pour que nous nous aimions les uns les autres
Croire en un miracle passé, vérité ou utopie ?
Je veux mourir sans davantage souffrir
Diminué par ses sens, que reste t il comme espoir ?
Celui de vivre en bonne santé pour le reste.
Fumer comme en carême, douce habitude
Désir impur volontaire, en être coupable.
Et se reconnaître pécheur en début de messe
Et communier au corps et au sang du christ
Quête, attraction perverse universelle de l'argent
Reconnaître les bienfaits divins passés en partie
Car le sens de ma vie est bien flou
Humble certes car petit en paroles
Par saint Jean, un voisin, pour quel oubli ?
Balafon, Balavoine les dieux sont là
L'Amour ne serait que du copié-collé
Foi confuse inhibée par la souffrance indifférence
La musique dans les publicités ne fait pas relâche
Les leçons de morale égocentriques sont mal perçues
La simplicité d'une homélie reste rare
Espoir déçu, courage ! Je mets une fleur à ma boutonnière.
Le réflexe conditionné est par exemple
De mettre ses oreillettes pour un bon film.
C'est de jeter les ordures en fumant
En respirant l'air pur de l'extérieur
Douce habitude très ancrée génétiquement
Les robots sont programmés pour une tâche

Particulière et habituelle, ils ne peuvent pas
Modifier le but vers lequel ils ont été créés.
Les plus modernes peuvent apprendre ce qui les rendaient
Comparables à des humains ; heureusement
Ils n'ont pas le loisir d'avoir des sentiments,
Tout au plus leurs créateurs leur a donné une voix
Une physionomie sans possibilité d'anticiper.
Ce qui les aurait rendu responsables.
Au fait, comment développer son sens des responsabilités ?
1. Faire de son mieux.
2. Poser des questions.
3. Écouter les autres.
4. Reconnaître ses erreurs.
5. Changer son comportement.
6. Être positif.

L'habitude est la seconde nature de l'homme, la première est l'ordonnancement de sa pensée qui visualise le futur proche et le rend possible et presque certain. Ainsi en termes religieux il existe sept mystères par semaine qui rythment le jour.
Ainsi est né le mystère de la foi catholique :
1. Jeudi mystère lumineux instaurée par le pape Jean-Paul II
2. Mardi et vendredi les mystères douloureux
3. Mercredi et dimanche les mystères glorieux
4. Lundi et samedi les mystères joyeux

Comme une liste de Prévert voici la suite de mes pensées en pot pourri.
L'heure du heurt c'est leur leurre.

## 15

Le malheur des aléas une mauvaise surprise
Une vue floue un détestable discernement
Croisement d'un râleur sans pâleur
Écoutons la parole de Dieu dans notre méditation
Passé absent et prévoyance du futur
L'instant présent dans le silence des agneaux
Acouphène en larsen déciment mon bien-être
Cultivons notre jardin sis sur terrasse
Prenons soin des êtres comme des plantes
Jésus est un chemin de lumière et celui de la vérité
Le voile de feue grand-mère Alice
Peu de musulman à son époque
C'est un anachronisme source d'altercation présentement
Une maladie qui dure longtemps est dite chronique
Elle se développe lentement et s'oppose à aigu
La perspective synchronique et l'apprentissage
De leur langue maternelle pour les locuteurs
Ils n'ont pas d'histoire ni conscience de la leur
A quoi sert la mémoire quand on est seul ?
Quand on perd la mémoire proche on devient Alzheimer
La mémoire sert à converser pas à ruminer
C'est pourquoi les Ehpad sont si chères
Les images forgées dans notre cerveau
Sont fruits de notre imaginaire ou notre mémoire
A l'heure dite les habitudes dominent
Donner un sens à notre vie c'est attendre le bon moment
La concupiscence n'est pas toujours de mise
La mémoire devrait être outil, une réserve pour vivre
Pas un sujet rétroactif qui revient comme une rengaine.
La concupiscence sans euphorie en sur-dimension
De soi est une mégalomanie maniaque
Aussi la bipolarité peut être jugulée, aiguë ou chronique ?

C'est quoi mon problème être jugé
Par des médecins, certes comme une tare psychique
Qui nous poursuit, test pour s'élever ou descendre
Lesté tel un mongol fier qui s'élève et deviendrait bipolaire ?
Appel bidon, sans réponse, indifférence
Oubli de la mémoire commune
Mémoire, amnésie due à un choc violent
Ou un accident, doute généré avec retour confus de mémoire
Temps, instant, moment présents
Mémoire courte volontaire ou aléatoire
Le téléphone permet en duo à échanger
La mémoire va de pair avec l'attention
On ne dérange pas des ouvriers qui travaillent
Comme on n'intervient pas dans une conversation téléphonique
Mémoire involontaire positive ou parasite
Introspection volontaire sécurisée dans son fort intérieur
Devant le gigantisme affiché par les médias, humblement
Les informations restent affligeantes ou surprenantes
En bon spectateur indifférent ou non concerné
Voile te burka symboles divers en obéissance
Pas encore ou déjà vu dans les rues, bonjour !
Ces informations visuelles peuvent influencer notre conscience
Je reste intransigeant pour garder ma mémoire sociale personnelle.
L'Esprit Saint en toute connaissance religieuse
Est neutre et ne juge pas en bon consolateur
Sans le verbe que penserait l'homme de ce monde ?
A-t-il été créé pour lui ou pour la gloire de Dieu ?
La méconnaissance de Dieu des us des hommes
Fait lorsque que l'on rend des médicaments chez le pharmacien
Ticket client à conserver, aucun remboursement.

La connaissance de soi est personnelle, fruit de notre expérience
Goethe a dit : « Dis moi qui tu hantes, je te dirai qui tu es »
Et encore : « Dis moi de quoi tu t'occupes, je te dirai ce que tu deviendras ».
La reconnaissance passe par un échange de paroles entre deux personnes
Ou un certificat diplôme qui illustre notre action passée
La naissance est un début un avènement, fruit de la patience d'un couple.
Comme écrire c'est travailler accoucher des phrases devant une page blanche
Page en croisement quadrillé pour danser le quadrille
Notre langue maternelle est sans histoire, qu'est ce qui donne le don des langues ?
Comme les publicités où de belles tristes stars offrent leur corps
Leur teint mat soigné avec perfection offrant leur beauté
A la vision des téléspectateurs pour faire vendre leur produit.
Equation du premier degré sans échange constructif visant l'achat.
Ouf pour fou, excitant la foufoune sans imagination.
Le barbier sis rue Barbe nous barbe en mangeant confiture de rhubarbe
A la sainte Barbe une invitation à un barbecue me barbe le cul.
Que veut vouloir dire ce vieil adage :
« Qui se ressemble s'assemble » selon Homère
Pour un couple mixte, se ressemblent-ils ? Les contraires s'attirent, blanc et noir.
Qui sème la distance récolte l'oubli.
Ou plutôt se complètent efficacement en évitant les modèles de couvade

Propres aux consanguins, sans gains, se retrouveront exclus ou chômeurs
Dans une société prônant la diversité des cultures primaires et secondaires.
Croyons à la transmission des valeurs morales en oral et par écrit
Un comportement adéquat est préconisé laissant la genèse de chaque personnalité
En remarquant qu'une attitude positive complète est indispensable.
Nos descendants sont demandeurs en écologie et en moyens financiers.
En bon catholique je reconnais la souveraineté du pape
Lorsque je prie je fais le signe de croix, je suis alors en douleur
Le Père le Fils passent encore mais le Saint-Esprit, Amen.
Je prulse mon huile anti-douleur à base d'Harpagogitum
Harpagon , avare rat quand tu nous tiens je ne deviens pas charitable ;
Plutôt irascible. Mon cor au pied limé ne me fait plus souffrir,
L'ensemble de ma dentition à revoir, la forme pour l'aquagym ?
Que de souffrances prosaïques sans rimes !
J'oublie un peu mon genou gauche enflammé le matin en plus de l'épaule ankylosée
Après plusieurs levers nocturnes à cause de ma prostate, je ne suis pas incontinent
Ni d'Europe ni d'Asie ni même d'Afrique. Je ne me réalise plus en tant que dessinateur
Et difficile l'Avé près de la croix, un semblant de bien-être se réalise au repos,
Côté pile ou côté face ma bipolarité avec déficience physique se réveille ;

J'en ai marre de gémir ou me lamenter alors je vais faire quelques courses,
A la caisse prioritaire je manifeste une forme de vieillesse accoutumée avec handicap
Ma santé est amoindrie et mon état se signe de faiblesse. Par charité envers moi-même
je me masse l'épaule tout en marchant, ma vigilance salutaire ne faiblit pas ;
Discipliné je conçoit la liste des courses la veille au soir pour ne rien oublier
Et avoir un but pour la journée. Formellement un bout de papier mémoire car la nuit
est entrecoupée de réveils. Au matin une voix ; « Mais qu'est ce qu'y a encore ?
La réponse se fait péniblement sans resquille. Vivre de la façon que j'espère
Sans strike ni grève, oublier le bowling et préférons le beau linge.
Depuis peu Jésus ne nous parle plus en images, est ce que je l'aime encore ?
Est ce que je l'aime encore ? Est ce que je l'aime encore, attachons notre ceinture.
Lire dans le blanc des yeux comme sur les lèvres est ce tout pour un semiaveugle un peu muet ?
Hier j'ai lu ma poésie avec une bougie et une musique en karaoké, je fus applaudis. Ce soir dans écoute dans la nuit ce poème, pamphlet sur la misère devrait ravir les auditeurs je l'espère et
Louis Auxile qui me remerciera sans doute par empathie. Un succès mérite l'excellence
En cette fête de la radio. Ma vie je t'aime encore je suis mon chemin

Tracé par Jésus , soit sente dix ou soixante dix années à lutter contre le mauvais sort et
Les égarements que jalonnent les moments de contentement ou de soucis.
Vivre l'instant, comme un moment rare, oubliant notre petitesse physique, le cœur battant,
L'espoir qui renaît de ses cendres, comme l'oiseau qui s'envole à tire d'aîle
Avant notre passage et qui rejoint son nid. Le bien-être retrouvé par une bise éternelle
Peut-être climatisée. Quelle que soit la couleur de sa peau l'homme est voué à réfléchir Spirituellement sur son temps présent en faisant corps avec l'Univers, peu importe la majorité de Blanc ou de noir, avec les cinq doigts de sa main droite dont l'index il oriente sa vie
En osmose et synergie avec écran et souris. Il en oublie son handicap et sa misère solitaire,
Il n'a plus qu'un seul but, réussir mal gré bon gré dans la tâche qu'il s'est fixé ou plutôt
Que son Esprit illuminé le conduit. La paume de ses mains, sa couleur qu'il ne voit pas sert à Caresser, à prendre. L'ordre des mendiants avait pour but d'enseigner. Moi ici et maintenant
Mon but est d'observer, accepter la différence qui nous rend si beau.
Après la mort et la Résurrection mon prochain deviendrait noir d'ébène,
Respectons nous, nous, fils descendants de Noé et ses 4 fils dont Aram,
Sans oublier Mathusalem grand-père de Noé.
En papotage le pape François s 'écrie :
Papoter c'est comme les vermicelles dans le potage
Un pape mort c'est un papa ôté

Je parle comme je lis dans mes pensées sans pouvoir
Ni accepter de lire dans les vôtres.
Tout ce que je souhaite c'est de ne pas être influencé
Par des paroles incongrues ou un langage d'étranger
Si tu savais le don de Dieu, ton créateur
Tu saurais que la liberté est une lutte,
La fraternité d'avoir une mémoire commune
Sans l'indifférence égoïste qui flatte son ego
Donner dans l 'espoir d'un remboursement égal
Est une action gagnante-gagnante, si rare
Donner pour recevoir en parfaite égalité
Une utopie d'un rêveur charitable
Qui suis-je? Tout à la fois consumériste
Épargnant et donateur. Pourquoi et pour qui vivre ?
Le pape aussi visitera la papousie sans jalousie.
Dans l'incompréhension un rire faisant écho,
Chasse les mauvais esprits comme gobe mouche.
Abba est la réponse à l'esprit de Jésus, c'est un mot à la mode
Groupe vocal, en concert nocturne sous quarante degrés.
Dormir, rêver et prier, verbes non soumis à notre volonté
Nous avons tous êtres vivants un conscient et un inconscient
Sièges de pensées négatives ou positives.
Méditer en rêvant est apathie de la somnolence
Essayer de prier en dormant est impossible
Seulement rêver en dormant reste possible
Il y a le souvenir en trait d'union du rêve ou du cauchemar au réveil
Salutation au réel, après l'éveil et notre rêverie involontaire
Nos rêves nous rendent dépendants de l'absence de prière
Les visions nocturnes restent voilées, il faut faire un effort de réminiscence
Parfois les réveils sont soudains par cause prostatique

Il s'agit de se lever pour évacuer notre inconsciente érection
Même les jours d'élection l'Esprit est en vigilance en ébullition.
Le corps en éveil se soulage sans incontinence.
Le temps c'est de l'argent, dépenser sans compter
C'est se rapprocher de la misère sana s'en rendre compte,
Un geste de charité vient rogner notre épargne.
Manquer d'argent c'est se sentir démuni pour vivre.
Qui me donnera connaissant le Don de Dieu
Qui prend de sa main gauche pour emplir sa main droite ?
Mystère invisible des causes des aléas
Punition, volonté divine généreuse ou culpabilisante.
Le rire fou confond la folle liesse enjouée.
L'invention du matérialisme est de nous faire croire
En l'utilité de nouvelles choses, forme de tentation
Sans discernement par le lien avec notre réel.
Savoir se contenter de ce que l'on a et écouter
La parole de Dieu, les homélies intelligentes sont préférables.
Deux gouttes de CBD font plus pour le moral
Que de longs discours ennuyeux en promotion.
La mode est de bouder les rassemblements d'inconnus
Et de privilégier les associations humanitaires.
La beauté fait se vendre aux plus humbles,
La qualité se met en avant comme l'utilité.
La publicité a le mérite de nous désennuyer et
Les effets spéciaux de piquer l'aiguillon de notre attention.
Soyons réservés dans l'expectative par notre jugement.

Abasourdi Abba

Le petit chaperon rouge traîne son cabas
Il nous conduit vers le groupe vocal Abba
Au dîner une carte gourmande sans abats
Affluence record pour participer au débat.

Prière vers le Père en disant « abba »
Tous unis les spectateurs pour un même combat
La route piétine entre Maroc et Rabat
Soixante dix kilomètres sans grand dégât.

Persiste et signe en fumant, coup de tabac
Près de ces femmes voilées en reine de Saba
Attifées de robes longues sans rabats
Portant une souche de chéquier comme un chêne qu'on abat.

Sésame ouvre-toi dit Ali Baba
Avant d'ingurgiter un rhum au baba

Les rêves sont tyranniques pour la fée de Carabate
Nous ne sommes pas allés à la Ferme du Bel Ebat.

Les africains le dimanche portent la djellaba
Ils manient pour le labour la cacaba
Au Cameroun du Nord la langue parlée est le daba
En Egypte les sépultures avec le mastaba

Sous des airs mélodieux et cordes de marabba
Vapoter du cannabis avec une dabba.
En sanskrit ce qui veut dire massue s'écrit Gada
C'est aussi un céphalopode dansant la rumba.

La bête selon l'Islam le dernier jour c'est Dabbah.

Suite du journal débutant page 10

Les amies de ma femme sont chaleureusement envahissantes
Par leurs appels elles occupent notre complicité
Alors que mes contacts répondent aux abonnés absents
Je n'inspire sans doute pas leur temps de méditation.
La tolérance aboutit au laisser-faire ou au laisser-aller
Celle-ci est une forme de soumission, il en faut de l'énergie
Pour s'abstraire de nos souffrances ou pour simplement
Obéir à notre Esprit en s'activant dans notre projet.
Oublier ses impulsions névrotiques de jeunesse
Pour se renouveler et renaître dans la liberté.
Car la jalousie passe aussi par de l'indifférence
Elle se confond aussi avec une forme de mépris.
Aussi le bien-être passe par une vision de notre auto-satisfaction
Les soucis sont remisés dans un fourre-tout, un débarras.
Je me conforme comme les appelés à la prêtrise
Au mystère de la croix de Jésus, ce qui me manque
C'est connaître le sens de la plaie sans clou au pied droit.
Par Saint Martin et son vitrail, la souffrance à l'épaule
N'est que celle du paysan surplombé par un chevalier à l'épée.
Souffrons avec Jésus qui est mort et ressuscité pour nous sauver.
Les causes soutenues par un avocat restent marginales
Sans être impartiales car il faut aider l'inculpé,
Savoir défendre en respectant le droit à l'innocence.
Qui donnera le pardon sinon Jésus ; Ponce Pilate
N'a t il pas avoué qu'il n'avait rien à lui reprocher ?
Il ne lui a trouvé aucun motif d'accusation,
Fils de Dieu, notre Jésus, Pilate se ferait l'avocat du diable ?
Le diable est la foule qui crie « A mort !

Il faut savoir renoncer à soi-même , mettre sa jalousie au placard
Proférer des reproches au barbier qui blâme.
Parfois et maintenant je me sens diminué physiquement
Pour aider mon prochain, la souffrance est là comme une croix
Qu'il faut porter symbole du repli sur soi.
Esprit Saint pessimiste et défaitiste éloigne toi pour que j'oublie misère
Soit Esprit Saint optimiste qui favorise le discernement.
L'espoir est rempli de sensations optimistes, volonté de l'être supérieur
Le destin nous échappe pour une espérance logique avérée.
Naguère la guerre, livre son témoignage, pour la guérison
Du corps et de l'esprit c'est un livre sain et saint malgré les circonstances.
Histoire d'or : on ajoute de l'or à une chevalière onéreusement ,
Trop large on retire de l'or à cette bague gracieusement.
Le cœur a la singulière puissance de donner du prix à des riens.
La charité bien ordonnée commence par soi-même.
Aimons nous les uns les autres comme je vous ai aimé
Persévérance apporte ses fruits à son heure comme un arbre sain.
L'intolérance est un produit de l'arbre mort, savoir reconnaître
L'avortement comme un crime personnel contre l'humanité
S'opposer à la loi Weil dans certain cas c'est aussi encenser son livre
La pesanteur et la grâce ; l'homme créateur de vie avec consentement
N'aurait pas son mot à dire face à la femme porteuse de la vie !
Non aux avortements sauvages
Oui au respect de la vie et du créateur.

Avoir un exemple feu ou vif pour continuer à écrire et à vivre
C'est avoir un livre objet, paragon de vertu , confondu en ange gardien
Derrière l'image du maître imprimeur, Nicolas Edme Restif de la Bretonne
Il existe une vision sélective du monde déguisée en anachronisme ;
Ainsi le livre de mon père , « Naguère la guerre » se révèle
Comme un trésor caché, un exemple, un phénix, je suis le fils
Du père et j'aime la similitude entre Le Père créateur de toute chose
Et l'Esprit qui m'anime, l'abbé Parent qui a bercé mes rêveries d'adolescent.
Je crois à la rémission des péchés, de la chair, à un Dieu rédempteur.
Je peux croire en un Dieu qui n'existe pas sans me croire le centre du monde.
Qui lira verra, sans juger, que l'expression littéraire est libre
Et que son joug est facile à porter.
Tout comme le dessin qui stimule nos émotions de créateur d'œuvre.
Voici un vitrail photographié dans l'Église Saint Martin de Montigny le Bretonneux :

Autre poésies sans rime

La liberté est un des quatre piliers du mariage
Dans un couple il existe une soumission réciproque
Il y a contradiction entre ces deux mots
Il subsiste que nous sommes tous soumis à des aléas
Alors c'est la mort du « je ». Du mal peut sortir
Un bien, l'obéissance est un vœu de soumission.
Car se soumettre ou se démettre restent antagonistes
Fait du choix de vie ou de mort dans l'espoir.
Y a t il espoir dans l'envie sinon la décadence ?
Y a t il espoir dans le mystère de la résurrection ?
L'exclusivité ou l'inclusivité de la conjonction
Nous offrent un double choix, maintenant ou
A l'heure de notre mort, fait létal indéterminé.
Priez pour nous Vierge Marie, la Reine ;

alléluia, alléluia.
Sinistre responsable avec un tiers, franchise
Réparation dans un centre auto, eurolise
Constat superficiel sans que je culpabilise
Ni que je dépense ni capitalise impôt en catalyse
Il reste dans le coffre une verte valise
Travail de repassage que je rentabilise
Nécessité d'aller et de retour, je me mobilise
Vu le dégât, je m'effraye puis je m'immobilise
En attendant l'efface rayure je balise.
Je n'ai plus de gorge avec peine je vocalise
Je renie les pubs d'alcool au bord de le route, oh please !

L'assureur me reçoit un temps que je réalise
Une priorité à droite enfreinte, quelle sottise !
Bon anniversaire de mariage jour que j'immortalise
Entrain quand tu nous tiens sans déprime, je moralise
Passé, présent, avenir je me focalise je me stabilise.
Ma poésie en rime s'éternise
Sur le crayon j'ai la main mise
Je casse une mine, je vandalise
Sous un monceau de feuilles ma poésie se volatilise
Je ne suis qu'un homme qui n'a soif qu'il se virilise
En tout bien tout honneur, sans qu'on le verbalise
Pour mon bien-être je me tranquillise
Je ne suis ni anar ni réac ni ultra car je me syndicalise
Avant tout, crédieu, il faut que je spiritualise
Pour que devant Saint Pierre je me normalise
Au paradis céleste j'espère et je totalise
La rémission des péché tout au plus éviter vif que je me ridiculise.
Pendant ce temps certains musulmans se radicalisent
Peine ou ironie malsaine d'un prêtre qui va crainte qu'il ne me rivalise.

Baptême de Kloé

Case départ pour le grand échiquier
Rayon de soleil ardent formaté en UV
Pas de poisson grillé ou cuit à l'étuvée
Samedi encore une émission de Laurent Ruquier

Encore un baptême qu'un prêtre africain requiert
La famille s'atroupe dans un silence quiet
De belles femmes vêtues de blanc sans duvet
Echangent papouilles sous les yeux et l'uvée.

Délicieux souvenir d'abba par l'abbé effacé
A Saint Pierre du Perray nous voici placés
Pour le baptême devant le christ en croix cloué

J'entends la cloche par le tympan et la cochlée
Petite enfant à peine bipède dénommée Kloé.
Mon sonnet marotique vous aura plu ou agacé ?

Rimes sans sonnette ni sornette

Tu es venue au baptême de Kloé sans mari, Josette
Une mamie d'appoint pour faire causette
En été contre la neige pas de raclette
Te voici sous une couette douillette
Pour cueillir thym et serpolette
En attente de mon retour des emplettes
Oui ma maman s'appelait Colette
Les papiers tu les lis et feuillette
Voit notre Dame de Paris et sa Cosette
Tu n'oublies pas l'offrande d'une quête
Tu calcules les heures sur ta calculette
Pour converser avec Jean-Pierre et c'est la fête
Mais de quel trésor penses-tu, mazette ?
Choue ou chouffe, une bière, la levrette !
Hôte remplie de souvenirs sans crevette
Tu essuies quelques larmes avec ta serviette
Tu effeuilles amoureusement les pâquerettes
Un mouchoir couleur marguerite soyons honnêtes !
Sur ton épaule une décoration, une épaulette
Tu délaisses ton amie martiniquaise, Paulette
Préfères-tu la grotte de Lourdes et Bernadette ?
Seule tu soupires en posant ta mallette
Car un excès de poids coûte des piécettes
A l'aéroport plus question de clé à molette
Ni de mimosa, porte vers les oubliettes
Que l'on ouvre en buvant une canette.
Un satire appuie sur la gâchette
Il casse des œufs pour faire cuire son omelette
Un rat lésine sans faire de dettes

## 34

Tout le monde se lève pour Danette
Au palais le bon goût passe par la luette.
Toi, si jolie belle oiselle, alouette
De l'ombre de ton corps s'estompe une silhouette
Corps dur qui fait tourner une girouette.

Ma doudou

Elle n'a pas des cuisses avec couperose
Pas encore ostéoporose
Mais aussi des hanches où siège l'arthrose
Lorsque le lever commence la vie n'est pas rose
Et moi j'essaye de rimer avec ma prose
Sœur courage prie à forte dose
Elle ne craint pas le rabâchage ni l'overdose
Car affronter la maladie est une noble cause
Elle s'active déjà debout sans aucune pause
Dire timidement des mots doux oui, j'ose
Un baiser rare sur les lèvres j'arrose
Moi avec toi la vie n'est pas morose
J'oublie bipolarité, tristesse et psychose
J'imagine une vie sans névrose en métempsychose
Comme si une même âme pouvait animer plusieurs corps ou chose
Trump, Poutine héraults du Kolkhoze
Je mange des betteraves avec saccharose
Je bois mon café sans ajout de glucose
Mon épouse n'aime pas les fleurs coupées ni les roses
A moins d'aller boire modérément sans crainte de cirrhose
Je vis avec mon épouse une parfaite osmose en symbiose
Les républicains offrent la sinistrose
Ventose, tout l'hiver avec pluviose et nivose.
J'ai le dos voûté comme par une cyphose ou une scoliose
J'écris pourtant sur des feuilles blanches, je compose en virtuose
Je m'interpose, je m'impose avant que j'implose

Devant ces aliments suspectés de salmonellose
Je n'ai pas un endroit pour que ma tête se repose.

Encore et toujours.

Dion, dinons, disons tu aimes mon corps
Amoureux tu m'aimes encore !
Peu importe l'absence de records
La grâce est une fleur dans le décor.

Notre Amour mérite tous les raccords
Les chansons définissent comme des accords
Les images chantent en corps à corps
Erotoman loin du hardcore.

Tous les oiseaux chantent et picorent
Ainsi tous les poissons les thons, les albacores
Dorment dans la nature qui s'édulcore
Et participent peu importe le score.

Mégère, égérie juste pécore
Tu cueilles les plantes du marais les acores
Tu dresses une pièce de bois nommée accore
Avant ton voyage pour les Accores

Le bois du cerf, éloi et son corpuscule
Animal piqué par un insecte un naucore
On ne sait si c'est un pyrrhocore
Au PMU le cerf ferait un underscore.

Jeune homme petit corpuscule

Torse et jambes nus c'est la canicule
Le printemps oublié absence de renoncules
Tous les thermomètres sont minuscules
Les informations qu'ils donnent, ridicules.

La terre asséchée forment des tas des monticules
Einstein tu as été le savant des particules
Tu parlais de la relativité, tu articules
Pour ta notoriété a augmenté ton pécule.

Baisses-toi, courbes-toi et tu recules
Tu te pèses avec ton bagage sur la bascule
Tu lorgnes les petites lettres sises sur ton fascicule
Tu déchiffres les recettes sur l'opuscule.

Déjà tard c'est le soir le crépuscule
Les ombres des ténèbres forment des tentacules
De ton cœur irradié battent les ventricules
Tu conduis sans ambages ton véhicule.

Tu restes serein, un bon sang circule
Reste à boire une canette avec opercule
Contre le virus piqûre tu inocules
Tu t'assois sur tes fesses sur ton cul.

Ca va sévir pour mon matricule
Mais je ne suis qu'un petit corpuscule
Qui certes mis aux abois gesticule
Et qui frémit de désir et éjacule.

Vidant comme purge sa verge et ses testicules
Ne faisant aucun cas de sa vésicule
Au lit, féroces ces travaux d'Hercule
Car je souffre comme un diable de ma clavicule.

Je me prends parfois pour un volcan en éruption, tel eyjafjallajűkull.

## Rimes engrangées

Canicule oiseuse et douceur d'Angers
Je marche en sécurité sans danger
Je grappille quelques raisins qu'il a fallu vendanger
Dans le sud de Marrakech ou à Tanger.

Les affaires à l'hôtel sont toutes rangées
En bas les accents ibères et français sont mélangés
Pensons restaurants pour manger
Oiseaux furtifs plumes de canard en geai.

Dans un édredon d'eider engrangées
L'huile solaire qu'il faut vidanger
Il faut savoir récolter la fleur d'oranger
Les petits les gestes pour les langer

En terre espagnole nous sommes étrangers
Difficile de trouver en cette terre un blanc-manger
Marcel ta cuisine qu'il faut louanger
En passant voir Claire chez le boulanger.

Connaissance de la méditation.

Méditer sur l'attente, le temps qui passe un instant de doute ou de renaissance ? Besoins naturels assouvis sous le vent débonnaire qui souffle chaud sur ma peau. Mon cœur bat au temps présent, une attente dans la solitude sans besoin d'aide extérieure, goutte perlée de sueur sur mon front signe de l'instant. L'attente d'un résultat d'un conseil ou d'un ordre extérieur. Sans aucun prémisse ni parole connue en terre étrangère. L'attente est un préparatif au partage, une veille non égoïste. Penser à autre chose pendant ce moment vide, laisser divaguer sa pensés stimulée par la vue, en bonne netteté et honnêteté aussi.
　L'analyste ne laisse rien au hasard, la méditation a besoin d'un temps de ressourcement mais pas de repli sur soi. Excusez-moi je vous ai dérangé dans votre méditation ? Qu'attendez vous plus de moi ?
　　　La douce monotonie de mes habitudes ne crée pas obligatoirement le discernement mais l'aide. Seule ma volonté d'échapper à l'ennui par le manque de communication me replonge par ma mémoire vive ou morte à une douce contemplation du vrai en occultant un proche passé à oublier.
Dans la solitude et le silence il y a le bruit de fond des automobiles qui est comme un nuage temporel brumeux. Ces voitures sont à proximité, j'envisage de cesser de me connecter par télé ou smartphone selon le lieu où je me trouve. Mais que me restera t-il ?Sinon des objets familiers et hétéroclites, sains à manger ou simplement utiles pour une décoration suffisante. Il reste que fumer est un mal de bouche une aigreur une âpreté, je résiste et je cède car l'ennui ne masque pas le besoin, de même un besoin ne tait pas l'ennui ni le désir de ne pas posséder.

L'ennui de fumer procure des dents jaunes car c'est une habitude néfaste à notre esthétique. Besoin de fumer pour se distraire des longues marches sans but, recommandation, lire et relire mon livre « Moi Claude, fumeur en carême », J'en ai narré mes sensations avant et après avoir fumé. L'attente est-elle un bien ou un mal. Certes la veille est un temps de méditation. Eve a mangé du fruit de l'arbre de la connaissance, nus et mortels ils se sont identifiés avec Adam devant Dieu et leur péché. Le temps de manger un fruit en été peut représenter cinq ou dix minutes. Etait- il petit comme une cerise ou gros comme un pamplemousse ? Eve et Adam ont été victimes de leur curiosité. N'avons-nous depuis l'école de Charlemagne le goût pour la connaissance ? Le pire serait d'étudier dans un jardin d'Eden en vue de réussir à un examen ! Actualisons l'ancien testament et soyons les premiers, pour ne pas souffrir d'un complexe d'infériorité dans cette compétition aux diplômes. Avoir une culture générale offenserait Dieu ? Moi je dis que l'erreur et l'imperfection sont humaines, seul Dieu est parfait. Pardon à nos lointains et premiers ancêtres sans nombril...

Esprit Saint

A la sortie de mes études de maîtrise d'informatique appliquée à la gestion en septembre 1975, je fus exilé volontaie en coopération à Abidjan en Côte d'Ivoire, arrachement, bannissement de la mère patrie (l'amer pâtre rit), j'étais en recherche de mon identité et d'une vraie expérience professionnelle. Le retour après deux décès fut difficile, qui étais-je devenu, quelle solitude hors présence paternelle et maternelle ? Et maintenant qui suis-je, devenu fidèle à ma religion, j'entame une conversion avec le père Benoist D'Argenlieu avec lequel j'avais des relations plus fraternelles, qu'avec d'autres qui n'ont fait que passer.
Ainsi son esprit de Pentecôte que je vais résumer en 14 points :
1. Aimez-vous les uns les autres comme je vous ai aimé !
2. Aimer par des actes en vérité, c'est l'Esprit Saint qui nous inspire.
3. Saluer son voisin, ma voisine surtout si je ne le fais pas habituellement.
4. Regarder avec bienveillance la personne que je croise.
5. Si quelqu'un cherche quelque chose, ne pas attendre qu'elle me le demande.
6. M'arrêter lorsqu'une personne me demande quelque chose et l'écouter.
7. Respecter la personne qui m'appelle au téléphone, même si c'est une sollicitation commerciale.
8. Me laisser déranger lorsque je suis occupé c'est ça la disponibilité.
9. Faire ce que j'ai à faire de bon cœur avec le sourire.

10. Ramasser une chose qui traîne ou gêne ( A la maison, dans la rue).
11. Contacter une personne éprouvée pour lui manifester ma sollicitude (courrier, mail, téléphone).
12. Prier pour une personne qui en a besoin.
13. Décider de pardonner à une personne qui m'a blessé, offensé, avec l'aide de Dieu.
14. Faire le premier pas pour me réconcilier.

45

C'est cité, en Braille

éfrigérateur est plein de victuailles
tez le Père Antoine à manger avec ses ouailles
venue à l'Emmanuel qui me tiraille
y a que l'Evangile qui nous vaille.

uis le Père Alain je bâille
i depuis longtemps, les ères un bail
lions la vieillesse avant que je ne déraille
oire une bière avec une paille.

outarde me monte au nez, sans pénurie, Maille
a des boîtes aux œufs de caille
tendons pas que viennent les failles
lant la messe j'entonne je défaille.

is fils fils de publicain sans taille
le au poulet fumé jeune volaille
œufs de caille s'écaillent
voix débonnaire s'erraille.

jour réfrigérateur, bonjour ripaille
s le milieu arrête la pagaille
 les couverts en métal, ferraille
rofère des discours impromptus avec gouaille.

de saucisse, délice de rougail
uste au restaurant, entre deux murailles
ors dans la rue, des canailles
s les champs débutent les semailles.

Oui ce soir j'irai à tes funérailles
Tu n'as eu qu'une vie, vieille canaille
Mort, tu fais effet d'un épouvantail
Racaille sur rocaille doigts de pied en éventail.

Le charcutier ne fait pas de détail
Il a pris la meilleure part du bétail
Pour garnir ses plats de cochonnailles
Ses enfants se chamaillent et piaillent.

Ils avaient leurs cheveux en bataille
Etaient issus de Normandie ou de Cornouailles
Armés de serpes et de cisailles
Qu'ils frottaient pour de la limaille.

Tous ces petits êtres méritent une médaille
A défaut de parents durs en représailles
Il faut dire qu'avec toute cette marmaille
Les bricoleurs tiennent bon leur tenaille.

Ils sont pauvres sans mitraille
Et ne plongent pas dans des eaux de corail
Ils nagent une brasse libre sur leur poitrail
A la ferme ils élèvent des cobayes.

**Table des matières**

| titres | n° page |
|---|---|
| espoir ou espérance | 1 |
| La France tableau | 2 |
| Etre libre | 3,4 |
| Espérance | 5,6 |
| Paris | 7 |
| En France | 8,9 |
| Recette boisson | 11 |
| Humble et puéril | 12 |
| Pot pourri de mes pensées | 13,...22 |
| Abasourdi Abba | 23,24 |
| Suite du journal de page | 25,...27 |
| Image | 29 |
| Autres poésies sans rime | 30,31 |
| Baptême de Kloé | 32 |
| Rimes sans sonnette ni sornette | 33,34 |
| Ma doudou | 35 |
| Encore et toujours | 36 |
| Jeune homme petit corpuscule | 37,38 |
| Rimes engrangées | 39 |
| Connaissance de la méditation | 40,41 |
| Esprit Saint | 42,43 |
| Image | 44 |
| C'est cité, en Braille | 45,46 |
| Table des matières | 47 |
| Bibliographie | 48 |

**Bibliographie** :

Les plis de ma mémoire 2012
Une bonne conscience
Des mots au delà des maux
Hier et maintenant
Magot tabou pour Toubabou
Biographie ou fils de percepteur
Poésies et prières
Poésies
Odes et sonnets marotiques
Correspondances
L'eau vive de nos dialogues
Renouveau poétique 2022
Poésies et théâtre d'objets
Temps présent
Espoir et espérance

Contact avec auteur cledel2@wanadoo.fr

Livres disponibles à l'achat sur amazon, fnac, decitre

Sites de dessin personnels: https://dessins-photographies.hubside.fr

https://caricatures.hubside.fr

Livre témoignage de Michel PARISET : Naguère la guerre